COMO SER FELIZ ENQUANTO SOLTEIRO

GARY HAYNES

COMO SER FELIZ ENQUANTO SOLTEIRO

GARY HAYNES

Revisão: *Walkyria Freitas*

Coordenação editorial: *Manoel Menezes*

Dados Internacionais de Catalogação na Publicação (CIP)

Haynes, Gary

Como ser feliz enquanto solteiro / Gary Haynes. Belo Horizonte: Editora Atos, 2024.

ISBN 978-65-01-02267-3

1. Celibato – Ensino bíblico 2. Pureza (Ética) 3. Solteiros – Comportamento sexual 4. Solteiros – Conduta de vida 5. Vida cristã I. Título.

04-1913 CDD: 248.8422

Índice para catálogo sistemático:
1. Solteiros: Conduta de vida: Guia de vida cristã 248.8422

1ª edição – Abril de 2004
2ª edição – Fevereiro de 2006
3ª edição – Abril de 2010
4ª edição – Julho de 2013
5ª edição (novo título) – Maio de 2024

Atos

www.osdiscipulos.com.br

Sumário

Introdução

Ser solteiro é visto por muitos como um fardo, e até como uma maldição.

Mas descobri nas páginas da Bíblia algo fantástico: ser solteiro pode ser uma grande bênção!

O Senhor Jesus cumpriu sua missão aqui na Terra como solteiro. Ele certamente poderia ter se casado, mas em pleno acordo com a vontade do Pai, não o fez. O apóstolo Paulo, que escreveu uma boa parte do Novo Testamento, se manteve solteiro.

Sou totalmente a favor do casamento: é um pacto instituído por Deus. Mas também sou a favor de ser solteiro. Cada um deve cumprir o seu chamado no Corpo de Cristo.

Na igreja, porém, pessoas solteiras são vistas muitas vezes como cidadãs de segunda classe, relegadas a esperar a possibilidade de serem usadas por Deus depois do seu casamento.

Tanto as pessoas casadas como as solteiras precisam entender melhor esse assunto de acordo com a Palavra de

Deus, e não devem tirar conclusões baseadas apenas em opiniões de homens.

Você tem coragem suficiente para deixar de lado seus conceitos e ideias pessoais, e fazer uma viagem de descoberta para desvendar o que o Senhor tem a dizer sobre esse assunto?

Então continue comigo, lendo as páginas desse livro sem conceitos pré-formados. Esteja aberto para que o Espírito Santo possa revelar a verdade ao seu coração.

Pr. Gary Haynes

Capítulo 1

Ninguém nasce casado!

Ninguém nasce casado!

Carla era uma jovem de 23 anos, muito bonita, inteligente e talentosa, que sempre se saía bem na escola. Ela amava a Deus e vivia uma vida de santificação e consagração ao Senhor desde a sua conversão ao evangelho, aos 15 anos de idade.

Mas havia algo errado. De tanto ouvir pregações sobre como o cristão deve se casar e ter esposa ou marido, começou a ficar descontente por estar solteira. Carla se sentia tão pressionada por todos na igreja para se casar o quanto antes, que já estava preocupada, à espera do seu príncipe que parecia nunca chegar.

Na hora da oração, começou a somente orar pedindo um marido. Essa petição se intensificava a cada ano que passava. E, aos poucos, Carla foi perdendo a alegria. Seu semblante, antes sempre para cima e risonho, agora apresentava ares de preocupação e até, muitas vezes, de chateação.

De tanto se sentir carente e desesperada para encontrar um marido, ela perdeu a felicidade e se esqueceu de como era maravilhoso receber a pura alegria do Senhor.

Um dia, um jovem muito simpático, cheio do Espírito Santo, começou a nutrir uma atração grande por ela, e sentiu paz de Deus no coração de se aproximar, pois estava à procura da sua futura esposa. Tinha visto Carla nos cultos e perguntou a algumas pessoas sobre ela. As informações foram as melhores possíveis. Falaram que era uma jovem muito temente a Deus, que seria uma ótima esposa.

O jovem ajuntou coragem, chegou perto de Carla, estendeu a mão, e disse: "Oi, sou Fernando. Meus amigos me chamam de Nando, e é um prazer conhecer você. Como vão as bênçãos hoje?".

Carla apertou a mão dele e, rapidinho, respondeu: "Não estou nem um pouco bem. Eu oro, oro, oro, e bênção que é bom, nada. Estou frustrada e me sentindo de fato muito solitária. Não sei o que faço mais da minha vida. Nem sei se Deus responde oração. E outra, estou cansada de ser solteira. Não está nada legal".

Fernando olhou para ela, meio assustado, e disse: "Vou orar por você, irmãzinha. Fica na bênção". E foi embora depressa, pensando: "Pôxa, me enganei. Pensei que encontraria uma pessoa legal, mas ela é deprimente e chatinha".

De tanto preocupar-se em se casar, é o que de fato Carla havia se tornado. De tanto se sentir carente e desesperada para encontrar um marido, perdeu a felicidade e se esqueceu de como era maravilhoso receber a pura alegria do Senhor. Havia tirado o foco de Deus e colocado toda a atenção apenas na busca frenética por seu futuro esposo.

E, sem perceber, estava afastando todos os jovens que demonstravam interesse por ela, pois sempre parecia tensa e irritada. O problema era que não sabia regozijar no Senhor no momento que vivia. Não percebia que pode ser uma bênção permanecer solteira.

O casamento é uma
bênção de Deus,
e algo maravilhoso.
Mas enquanto
você é solteiro, deve
aprender a ser
feliz e abençoado.

Caminhe bem nesse tempo

Todos nascemos como nenês, nuzinhos, sem posição, sem status, sem qualquer coisa definida, exceto nosso sexo e quem são nossos pais. E, com certeza, ninguém nasce casado. Nos tempos antigos, alguns já nasciam comprometidos a se casar com alguém, por um pacto feito entre os pais e os pais do futuro cônjuge.

Hoje em dia, na maioria das culturas, essa prática já passou, e escolhemos por conta própria com quem vamos nos casar. Mas mesmo assim todos somos fadados a passar uma parte das nossas vidas como solteiros.

O grande problema para muitos é saber como caminhar bem nesse tempo. E como ninguém nasce casado, mesmo quem pretende se casar um dia, vai viver até lá um período da vida como solteiro. Cabe a você aproveitar ao máximo esse tempo para ser feliz e servir ao Senhor, ou então ficar rabugento, sempre resmungando sobre como ser solteiro é horrível e miserável. A opção é sua!

Parte do problema é que algo bom tem se tornado ruim na vida de muitos jovens cristãos. O casamento é uma bênção de Deus, e algo maravilhoso. Mas enquanto você é solteiro, deve aprender a ser feliz e abençoado.

De tanto focar em querer se casar, muitas pessoas perdem as oportunidades de viver plenamente essa fase da vida. Há tempo para tudo; há hora para viver feliz como solteiro, de acordo com a vontade de Deus, e hora para desfrutar a vida como casado. Precisamos saber deleitar--nos no momento em que estamos, diante do Senhor.

Quando tinha 15 anos de idade, fiz algo muito arriscado. Sempre quis me casar, porém, coloquei no altar do Senhor minha vida inteira, inclusive meu futuro matrimônio. Disse a Deus que o amava tanto, que por mais que desejasse me casar e ter uma família, faria o sacrifício de abdicar do meu desejo para servi-lo do jeito que Ele quisesse, casado ou solteiro.

Fiz isso como um pacto sincero a Deus, e estava disposto a viver da forma que me orientasse. O Senhor falou ao meu coração que eu me casaria mais tarde que de costume, e que trabalharia na sua obra como solteiro por um

Há tempo para tudo; há hora para viver feliz como solteiro, de acordo com a vontade de Deus, e hora para desfrutar a vida como casado.

bom tempo antes de me casar. E que era para eu usar esse período para me dedicar totalmente a Ele e a seu ministério.

Eu me lembro que, em seguida, aos 18 anos, disse a um velho e veterano missionário que eu iria casar mais tarde do que o normal, e antes passaria um bom tempo servindo ao Senhor como solteiro. Ele riu, e disse: "Que bobagem, você diz isso agora, mas em breve vai se sentir solitário, e se casar rapidamente".

Por mais que o respeitasse como homem de Deus, fiquei um pouco chateado com ele, pois comecei a considerá-lo meio cego sobre o fato de que era possível ser feliz enquanto se é solteiro, servindo ao Senhor.

Mas graças a Deus tenho me sentido muito feliz e preenchido nessa minha fase como solteiro. Tenho viajado a muitos países para pregar, levantado vários projetos ministeriais "do zero" e me dedicado a fazer muitos discípulos. Tem sido bom. Estou feliz. E sei que quando me casar, serei feliz também.

O importante é dedicar esse momento para a glória do Senhor, e vivê-lo intensamente na alegria que somente o Espírito Santo pode propiciar ao seu coração. Se você vai se casar no futuro, aprenda a ser feliz agora como solteiro, pois seu futuro cônjuge não tem como torná-lo feliz. É esperar muito de um ser humano. A verdadeira felicidade é algo que somente o Senhor pode dar.

E, ao se casar, sabendo ser feliz em Jesus, você vai poder construir um casamento excelente, onde cada um compartilha a felicidade que tem com o outro. E se você possui o dom do celibato, como alguns, aprenda a viver intensamente, totalmente focado na obra do Senhor, com seu coração cheio da felicidade que é dádiva de Deus.

Capítulo 2

É uma bênção ser solteiro?

É uma bênção ser solteiro?

Quando era adolescente, fiz algo perigoso: comecei a questionar os principais temas bíblicos. Não duvidava da inspiração da Palavra, e tinha uma fé ardente no Senhor e zelo por seguir o seu caminho.

Não estava também rejeitando o ensinamento que ouvia, mas apenas querendo ter clareza para distinguir entre o que era tradição dos homens e o que era a pura verdade de Deus. Então, simplesmente não aceitei por atacado as imposições doutrinárias que recebia, e decidi descobrir de fato, como os bereanos, o que a Palavra de Deus dizia.

Um dos segredos bíblicos que descobri, nessa minha busca pela simples verdade do Senhor, é que é uma bênção ser solteiro! Muitas vezes ouvimos o contrário insinuado na igreja. A ideia passada é que ser solteiro significa que existe algo errado em você; é sinônimo de ser infeliz. O consenso determina que se você realmente quer ser abençoado, então tem de se casar.

É melhor ser solteiro que casado

Mas o apóstolo Paulo nos ensina de uma forma diferente, quando diz: "*Quanto aos assuntos sobre os quais vocês escreveram, é bom que o homem não toque em mulher*" (1 Co 7.1). Nos versículos seguintes, ele deixa claro que considera *melhor* ser solteiro do que ser casado! É exatamente o contrário do que é ensinado por aí!

Cada um deve cumprir o seu próprio chamado diante de Deus, seja de casar-se ou de se manter solteiro.

De forma nenhuma Paulo era contra o casamento, mas apenas expunha sobre as bênçãos de ser solteiro. De acordo com o apóstolo, permanecer solteiro traz várias vantagens ao nosso serviço e ministério. O segredo que descobrimos em suas palavras é que cada um deve cumprir o seu próprio chamado diante de Deus, seja de casar-se ou de se manter solteiro.

Preste atenção no que Paulo diz a seguir: "*Gostaria que todos os homens fossem como eu; mas cada um tem o seu próprio dom da parte de Deus; um de um modo, outro de outro. Digo, porém, aos solteiros e às viúvas: é bom que permaneçam como eu. Mas se não conseguem controlar-se, devem casar-se, pois é melhor casar-se do que ficar ardendo de desejo*" (1 Co 7.7-9).

O fascinante nessa passagem bíblica é que, reconhecendo que cada um tem seu próprio chamado, de casar-se ou não, Paulo de fato mostra que a opção de ser solteiro é a melhor. E ainda é enfático em dizer: "Se você não tiver a disciplina moral e controle de si mesmo na área sexual para se manter solteiro, então deve se casar". O apóstolo, de certa forma, faz do casamento uma alternativa para quem não consegue ficar solteiro.

Agora preste bem atenção: ele deixa claro que essa opção é somente para os solteiros e viúvos. Os que já estão casados devem investir no seu casamento, para que seja abençoado. Mas aos que estão livres, ele está dizendo: se você tiver o chamado para ser solteiro, ele pode ser grande bênção na sua vida e na das pessoas em volta de você.

A bênção plena do Senhor está sobre a nossa vida quando preenchemos o lugar para o qual Deus nos chamou.

Servindo a Deus como solteiro

Hoje em dia, na igreja, a ideia predominante é que a bênção plena de Deus somente alcança sua vida se você for casado. E ai de quem pensar o contrário! No ministério, tenho sido questionado sobre a minha opção de trabalhar solteiro para Deus até aqui. E, em alguns casos, sou até julgado e criticado.

Um pastor amigo meu teve a coragem de me dizer: "Sou casado e tenho vivido uma vida mais feliz e um ministério melhor e mais abençoado do que você, que é solteiro". E disse mais: "Existe alguma coisa travada em você, há algo errado por você ser solteiro até hoje!".

Respondi que ele não conhecia as Escrituras Sagradas no tocante a este assunto, que não havia nada de errado comigo e que, pelo contrário, eu estava vivendo na graça abundante de Deus. Fiz uma opção de servir a Deus com a minha vida no altar, sendo solteiro ou casado, de acordo com a vontade e o tempo do Senhor para mim. E posso afirmar com certeza: tem sido uma bênção ser solteiro.

Sou irredutível e absolutamente a favor do casamento: é uma união idealizada por Deus. Quando criou o primeiro homem, Ele viu que Adão estava sozinho e precisava de alguém. Por isso também criou Eva, e nesse enlace constituiu a primeira família.

A família é o alicerce fundamental da sociedade. Sou profundamente grato a Deus pela família que me deu.

Por causa dela nasci e fui criado com amor por um bom pai e uma mãe especial, John e Wanda, e tive o privilégio de crescer no convívio constante com meu irmão Len e minha irmã Rebecca. Sem sombra de dúvida a família é abençoada por Deus e o casamento uma inspiração divina.

Mas também sou completamente a favor de servir a Deus como solteiro: cada um deve cumprir o seu chamado. A bênção plena do Senhor está sobre a nossa vida quando preenchemos o lugar para o qual Deus nos chamou. Este sim é o segredo da bênção em sua vida. Infelizmente, a igreja atual tem distorcido essa verdade.

Muitas pessoas na Bíblia eram solteiras, incluindo o maior exemplo de todos, o próprio Senhor Jesus. Ele, em comum acordo com Deus Pai, achou melhor cumprir o seu ministério e destino aqui na Terra sem se casar.

Ao se manter solteiro, Jesus pôde focar incansavelmente em seu ministério e propósito.

Podemos ver claramente que, ao se manter solteiro, Jesus pôde focar incansavelmente em seu ministério e propósito. Pôde viajar constantemente e às vezes passar a noite inteira em oração. Concentrou-se impreterivelmente em fazer discípulos quando estava a caminho de se entregar na cruz e, ao ressurgir, trouxe salvação para toda a humanidade.

Ser solteiro pode ser uma bênção na sua vida. Você pode ser solteiro e feliz, servindo ao Pai. Você precisa apenas abraçar o lugar para o qual Deus o chamou, e servi-lo como um sacrifício vivo, no altar do Senhor.

Capítulo 3

Vantagens de ser solteiro

Vantagens de ser solteiro

Finalmente iria tirar férias. Após muito tempo sem sair para descansar, tinha marcado uma viagem ao litoral brasileiro com dois amigos para uma folga muito merecida.

Então, recebi uma ligação do Suzuki. Juntamente com sua esposa, Márcia, ele trabalha em uma tribo de índios no meio da selva amazônica que tem pouco contato com o mundo de fora. O trabalho deles pode ser comparado ao de verdadeiros heróis da fé, que doam suas vidas pelo amor do evangelho, com pouquíssimo reconhecimento dos homens e um belo galardão os esperando no céu. Já admirava aquele ministério há algum tempo e tinha um desejo grande de visitar a tribo na companhia deles.

Mas justamente no momento em que estava com as férias planejadas, preparando para partir, o Suzuki me disse ao telefone: "Estamos indo nessa semana para a tribo e queremos convidá-lo para nos acompanhar". Seriam 10 dias de viagem, incluindo 5 dias parados na selva, de quarentena, para não levarmos nenhum vírus até a tribo (que não tem as resistências necessárias, por causa do pouco contato com a civilização).

Os últimos dois dias seriam uma extrema aventura com Deus, andando numa selva perigosa, sem contato regular com homens. Correríamos riscos constantes de ser picados por cobra, atacados por onça ou por qualquer outro animal selvagem. Depois seriam mais duas semanas convivendo com a tribo e mais 5 dias para retornar, perfazendo um total de quase um mês.

Se eu fosse casado, jamais poderia pensar em aproveitar uma oportunidade ministerial desse tipo. Teria assumido um compromisso com minha família que não seria justo quebrar na última hora. Mas a vantagem de servir ao Senhor solteiro é a grande liberdade que temos para focar completamente na sua obra.

A vantagem de servir ao Senhor enquanto se é solteiro é a grande liberdade que temos para focar completamente na sua obra.

É sobre essa vantagem que o apóstolo estava fazendo apologética, quando disse:

> "*Gostaria de vê-los livres de preocupações. O homem que não é casado preocupa-se com as coisas do Senhor, em como agradar ao Senhor. Mas o homem casado preocupa-se com as coisas deste mundo, em como agradar sua esposa, e está dividido. Tanto a mulher não casada como a virgem preocupam-se com as coisas do Senhor, para serem santas no corpo e no espírito. Mas a casada preocupa-se com as coisas deste mundo, em como agradar seu marido*" (1 Co 7.32-34).

Educadamente pedi desculpas aos meus amigos por não poder manter o plano original. Eles entenderam perfeitamente, e marquei a minha viagem rumo a selva amazônica. Tive a liberdade de mudar os planos no último momento justamente por ser solteiro!

Deus operou durante a viagem, no meio da tribo e na nossa estadia entre os índios. Foi também grande bênção para mim participar do árduo ministério – porém recompensador – do Suzuki e da Márcia. Sei que Deus tem uma recompensa especial no céu para pessoas como eles.

Quem é solteiro
pode entregar o
espírito, a alma e o
corpo à obra do
Reino de Deus.

Encontrando o ponto de equilíbrio

Há grandes benefícios em ser solteiro no serviço ao Senhor Jesus. Como Paulo disse, a pessoa casada tem que se preocupar em agradar o marido ou a mulher. E é totalmente correto esse foco. Quem é casado deve procurar agradar o seu cônjuge, como um princípio da Palavra de Deus.

Se você é casado, de maneira nenhuma é aceitável ignorar ou negligenciar seus entes queridos para ministrar aos outros. É preciso encontrar o ponto de equilíbrio em que você ministra sem deixar de lado a sua própria família.

Graças a Deus, meu pai, um pastor desde antes do meu nascimento, entendia esse princípio. Ele sempre dizia: “Não quero ganhar o mundo para Jesus e perder a minha família para o inferno”. Ele quis dizer que entendia que quem é casado tem como prioridade abençoar e agradar seu cônjuge e filhos.

A prioridade para quem é casado sempre deve ser:

1. Deus
2. Família
3. Ministério

Para a pessoa casada, essa divisão de foco é totalmente apropriada e válida. No dia em que eu me casar, sei que minhas prioridades devem mudar. Isso é um princípio das Escrituras.

Porém, querendo ou não, quem é casado passa por distrações no serviço ministerial. Quem é solteiro pode entregar o espírito, a alma e o corpo à obra do Reino de Deus. Quem é casado, para seguir os ensinamentos da Bíblia e ser um bom marido ou esposa, tem que dividir a sua atenção entre as coisas do mundo e as coisas eternas. É exatamente isso que o apóstolo Paulo estava explicando.

A pessoa que não é casada pode ser intransigente em cumprir o seu chamado, no seu intento e meta de servir a Deus e exaltar o nome de Jesus com sua vida. Ser solteiro – quando se trata da questão de poder gerar frutos ministeriais – pode ser muito vantajoso.

Sem dúvida, ser solteiro tem me ajudado muito a pregar o evangelho em mais de 50 países. Posso viajar, às vezes, durante meses a fio. Nessas viagens, toda minha atenção está concentrada apenas em abençoar e ministrar a outras pessoas.

Tenho liberdade para pregar em qualquer lugar ou hora, sem preocupações quanto a estar negligenciando a minha família. Podemos ver que o próprio Senhor Jesus aproveitava exatamente essa liberdade de ser solteiro enquanto ministrava às pessoas durante seu tempo aqui na Terra. Esta é, sem dúvida, uma das grandes vantagens de servir a Deus sem se casar; é parte da grande bênção de ser solteiro!

Existe uma outra vantagem em servir a Deus como solteiro: a de não ter dependentes. Você pode até correr mais riscos para pregar o evangelho quando ninguém depende fisicamente de você. Pode pensar com mais alvedrio em ministrar em lugares perigosos. Pode pregar no meio de guerras civis, selva ou em lugares semelhantes sem adicionar a preocupação de deixar a família para trás, caso seja chamado a entregar a sua vida – como Estevão e tantos outros – por amor do evangelho.

O chamado de Deus para cada um

Ser casado ou ser solteiro: nenhum dos dois é necessariamente o caminho certo. A bênção está em cumprir o chamado de Deus para nossas vidas. Vivemos hoje no meio evangélico uma grande falácia, quando não entendemos nem tão pouco aceitamos que ser solteiro é uma opção abençoada, com muitas oportunidades que são inexistentes para quem é casado.

A igreja hoje, despercebidamente, está perpetuando um sofisma ao dizer que a bênção integral e absoluta de Deus e só para quem se casa, para quem constitui família. Focamos tanto nessa visão que deixamos de perceber e aproveitar as grandes vantagens e até alegrias de ser solteiro.

Ao invés de focar naquilo que você não tem como solteiro, concentre-se nas oportunidades únicas que você tem, provenientes de servir a Deus sem se casar.

Se o seu chamado na vida é o de servir a Deus como solteiro, está na hora de enxergar e colocar em prática as grandes vantagens dessa vida celibatária. Ao invés de focar naquilo que você não tem como solteiro, concentre-se nas oportunidades únicas que você tem, provenientes de servir a Deus sem se casar.

Uma das maiores armadilhas da vida de solteiro é a tendência de viver no compasso de espera, aguardando o casamento para *realmente* servir ao Senhor. Os solteiros precisam saber que não há necessidade de esperar – Deus quer usar-nos agora!

Não existe nenhuma condição nas Escrituras afirmando que a pessoa precisa ser casada para servir no ministério. Se houvesse, a obra do próprio Senhor Jesus seria invalidada, bem como a do apóstolo Paulo.

Entretanto, a pergunta que os cristãos que não são casados mais frequentemente me fazem é: como posso entrar no ministério se ainda estou solteiro? Muitos ministérios – empreendimentos missionários, por exemplo – são realmente mais fáceis para solteiros e a maioria está aberta para qualquer pessoa, independentemente do seu estado civil. Os que não se casaram precisam saber que há um chamado de Deus sobre suas vidas agora e que uma das maiores bênçãos de ser solteiro é poder servir a Deus sem impedimento.

É o momento para você descobrir, como tantos homens e mulheres de Deus na Bíblia, a incrível bênção de ser solteiro!

Capítulo 4

A verdadeira fonte da felicidade

A verdadeira fonte da felicidade

Meu amigo estava angustiado. "Estraguei tudo! Meu ministério está destruído", ele disse. Então começou a contar-me como caíra em pecado de imoralidade sexual com uma jovem que trabalhava no mesmo ministério que ele. Meu amigo confessou tudo para mim com muitas lágrimas, soluçando com profunda tristeza e arrependimento durante todo o relato.

Ele tinha um ministério para viciados, e presenciou o Senhor fazer muitos milagres de libertação. Centenas de ex-viciados em álcool e drogas agora levavam vidas abençoadas e produtivas por causa da obra que ele fundara e liderava.

Por mais que o seu ministério envolvesse muito trabalho árduo, resgatando pessoas dos laços satânicos, ele estava sempre feliz, sorridente, exaltando a Jesus. Fazia muito tempo que eu conhecia esse amado irmão no Senhor. Mas nos últimos dois ou três anos parecia que a alegria começara a desaparecer da sua vida. Ele tinha se tornado desesperadamente infeliz com a sua condição de solteiro no ministério.

No princípio, estava satisfeito em simplesmente servir a Jesus. Pregava sempre em congressos ao redor da nação e ajudou a fundar vários outros projetos ministeriais. Tinha uma vida alegre e para ele tudo era festa no Reino de Deus! Dava até vontade de estar perto dele só para sentir aquela alegria. Sempre tinha amigos em volta – todos queriam receber um pouco de seu brilho. Seu trabalho era abençoado, e aonde chegava era bem recebido e procurado. Todos queriam hospedá-lo e compartilhar suas bênçãos, lutas e respectivas vitórias.

Aos poucos, num processo que levou mais ou menos três anos, ele começou a tirar os olhos de Jesus. Percebi que foi perdendo a alegria, sua vida não parecia mais aquela festa e em seu coração não havia mais a gratidão pelas bênçãos constantes do Senhor.

Durante esse processo, começara a pensar apenas na sua condição de solteiro, que para ele agora era uma espécie de maldição. Seu único assunto passou a ser casamento.

> A felicidade não vem do cônjuge. Quem procura sua felicidade em outro ser humano acaba se desapontando.

Seu discurso tinha mudado 180 graus, exatamente para o oposto do que era antes. Só falava que se sentia solitário, e que agora, beirando os 40 anos de idade, estava ficando velho e a vida que levava era chata sem uma companheira. Nem parecia mais a mesma pessoa. Meu amigo, que era conhecido por seu entusiasmo contagiante, estava sempre chateado, resmungando, rabugento.

Seu problema não consistia apenas em solidão, tentação sexual ou desejo por companheirismo, mas principalmente em tirar sua atenção do Senhor e focar apenas em seu próprio descontentamento. Esta luta foi grandemente agravada pela pressão inacreditável da igreja hoje que diz que para ser normal e realizado, você tem de ser casado. As maiores batalhas que muitos cristãos solteiros enfrentam são por causa dos conselhos de irmãos e irmãs no Senhor.

Vendo o sofrimento aparente do meu amigo, apontei, sob a minha perspectiva, as mudanças ocorridas na vida dele.

Preferi falar a verdade naquela hora, mesmo que doesse, de acordo com o que Provérbios 27.6 diz: "*Quem fere por amor mostra lealdade, mas o inimigo multiplica beijos*".

Tentei encorajá-lo, lembrando-o de tudo de bom que o Senhor já tinha feito e da grande fidelidade de Deus em sua vida. Ele me ouviu, e até concordou, mas não conseguia restaurar o foco no Senhor. Meu amigo parecia estar preso num círculo vicioso, num espiral para baixo que culminou na sua queda e no seu desespero.

Atenção voltada para Jesus

Sabemos que, com certos limites, o jeito que pensamos é o jeito que seremos. Lógico que se eu pensar que sou um pato, não vou me transformar em um. Mas se todos os dias pensar que sou infeliz, então assim serei.

Se eu for passar meu tempo livre pensando no que eu considero ruim na vida de solteiro, então a minha vida

Todo casamento
feliz e abençoado
tem como fonte o
Senhor Jesus Cristo
e a comunhão com
o Espírito Santo.

se transformará em algo que de fato será ruim. Acabarei me tornando uma pessoa triste, carente e chata.

A forma que pensamos tem influência enorme em nossas vidas. Por isso o apóstolo Paulo disse, em Filipenses 4.8: "*Finalmente, irmãos, tudo o que for verdadeiro, tudo o que for nobre, tudo o que for correto, tudo o que for puro, tudo o que for amável, tudo o que for de boa fama, se houver algo de excelente ou digno de louvor, pensem nessas coisas*".

A história de Pedro andando sobre as águas para encontrar Jesus mostra a influência dos nossos pensamentos sobre nós. Enquanto Pedro tinha os olhos fixos em Jesus, o milagre acontecia, e ele andava sobre o mar. Quando se distraiu e olhou para a tempestade, esqueceu-se de que Jesus estava ali na sua frente e começou a afundar. Somente quando fixou o olhar novamente em Jesus, e clamou por sua ajuda, é que foi salvo.

Compartilhei com meu amigo sobre o que eu enxergava ser o motivo da queda dele, mas lembrei-me do que está escrito em Gálatas 6.1, 2: "*Irmãos, se alguém for surpreendido em alguma transgressão, vocês que são espirituais deverão restaurá-lo com mansidão. Cuide-se, porém, cada um para que também não seja tentado. Levem os fardos pesados uns dos outros e, desta forma, cumpram a lei de Cristo*".

Conversamos durante muito tempo e o encorajei, dizendo: "Você errou, mas há uma diferença entre pecar e viver no pecado". Pela contrição sincera que percebia nele, vi que sua atitude era semelhante a de Davi que, quando pecou, reconheceu com humildade o seu fracasso, pediu perdão e daí em diante buscou ainda mais viver retamente diante do Senhor.

Exortei meu amigo, dizendo: "Isso aconteceu porque sua atenção foi tirada de Jesus e colocada em você mesmo. Tire o foco da sua carência e necessidade e volte a direcioná-la para Jesus".

A história do meu amigo tem um final feliz. Depois de sua falha moral, ele se submeteu a um ano de restauração, sob a orientação do pastor da sua igreja. Voltou novamente seus olhos para o Senhor e retornou ao ministério com uma unção especial sobre a sua vida.

Uma vez que sua atenção voltara outra vez para o Senhor, e sua alegria fora restaurada através da comunhão com o Espírito Santo, Deus colocou uma jovem muito bonita em sua vida. Hoje ele está casado, feliz e tem três lindos filhos.

A felicidade verdadeira vem de Deus

Para muitas pessoas a felicidade está baseada em ter alguém em sua vida. Vou dizer uma verdade com a qual até quem é casado irá concordar: a felicidade não vem do cônjuge. Quem procura sua felicidade em outro ser humano acaba se desapontando. Todo casamento feliz e abençoado tem como fonte o Senhor Jesus Cristo e a comunhão com o Espírito Santo. O verdadeiro preenchimento e alegria vêm somente de Deus.

A felicidade é
dádiva de Deus em
nossos corações,
baseada num
relacionamento com
o Deus eterno.

Os casais felizes têm descoberto esse princípio e compartilham um com o outro a felicidade que o Espírito dá. Os solteiros felizes descobriram o mesmo princípio: a felicidade é dádiva de Deus em nossos corações, baseada num relacionamento com o Deus eterno.

Creio que o casamento é uma bênção. Mas como solteiro, estou procurando servir ao Senhor e aproveitar a vida confiando que qualquer que seja o futuro que Ele me reserva – casado ou solteiro – será o melhor para mim.

Capítulo 5

Pureza sexual

Pureza sexual

Pouco tempo depois que entrei no ministério, encontrei uma jovem na minha igreja e convidei-a para um passeio no sábado seguinte. Ela era uma moça linda, loira e com olhos bem azuis. Tinha também uma personalidade muito agradável.

Após o almoço e o passeio, levei-a de volta para casa. Durante o caminho, ela disse que a tarde que havíamos passado juntos tinha sido maravilhosa e que gostava de mim. Poucos minutos depois, acrescentou subitamente que se gostava de um cara sentia que não era errado dormir com ele. Em seguida, perguntou a minha opinião.

Não tenho uma mente maliciosa, mas mesmo assim entendi instantaneamente onde ela queria levar aquela conversa: estava me convidando para dormirmos juntos.

Sentia-me muito atraído por aquela moça, e comecei a perceber que estava numa situação muito perigosa. Uma parte de mim queria racionalizar que eu era forte o suficiente para enfrentar a tentação e que talvez pudesse ajudá-la a se firmar nas coisas de Deus.

Mas imediatamente me lembrei da história de José com a esposa de Potifar. Havia um motivo na sua fuga rápida, quando teve de deixar a roupa para trás. Ele era muito inteligente e, com certeza, entendia as possíveis consequências de ser visto fugindo sem a roupa de cima.

Então por que fugiu abruptamente daquele jeito? Por que simplesmente não tirou seu manto da mão da mulher e saiu andando normalmente? Porque José de fato foi *tentado*, e sabia que a única chance de não cair em pecado contra Deus e seu senhor era tomar uma atitude radical.

Uma das maiores pedras de tropeço que os solteiros enfrentam é a tentação sexual.

Às vezes, caímos em pecado por brincar com fogo, por nos acharmos mais fortes do que somos. E isso quase sempre conduz a queda, a um posterior remorso e muita tristeza. José fugiu daquele jeito porque sabia que não aguentaria mais a tentação. Ele queria agradar a Deus mais do que a sua própria carne. Por esse motivo fugiu daquela forma. José sabia que tinha de agir radicalmente para quebrar as garras da tentação sexual. Ele tinha que dar o fora naquele exato instante.

Juntei coragem, olhei para ela, e disse: "Discordo totalmente de você. Creio que, de acordo com a Palavra de Deus, relações sexuais só devem ser mantidas dentro do casamento".

Então, deixei-a em frente da casa e fiquei no carro enquanto ela descia, esquecendo-me de minhas boas maneiras. Normalmente, como meu pai me ensinou, educadamente abriria a porta do carro para ela e a acompanharia até o portão. Mas eu sabia que se não corresse, poderia cair em pecado.

"Essa moça precisa realmente de alguém para ensiná-la sobre os princípios da Palavra de Deus e discipulá-la", pensei comigo mesmo. Mas tinha certeza que essa pessoa não poderia ser eu. A tentação era grande demais para mim.

Não nos abstemos de relações sexuais por causa de um fardo ou proibição, mas para agradar ao Senhor com nossas vidas.

Manter-se puro por obediência a Deus

Satanás é muito esperto e procura qualquer ponto fraco para nos induzir a cair. Mas a resposta é fazer o que está escrito em Efésios 6.11: "*Vistam toda a armadura de Deus, para poderem ficar firmes contra as ciladas do diabo*".

Obviamente, imoralidade sexual não é um problema só de solteiros; se fosse, não existiriam casos de adultério. Mas uma das maiores pedras de tropeço que os solteiros enfrentam é a tentação sexual.

Agi daquela maneira com a moça porque eu sabia que santidade é um ingrediente primordial para termos um relacionamento com Deus, como está escrito em Hebreus 12.14: "*Esforcem-se para viver em paz com todos e para serem santos; sem santidade ninguém verá o Senhor*".

Pureza sexual é um dos requisitos para herdarmos a vida eterna e vivermos uma vida abençoada aqui na Terra. É imprescindível que procuremos viver uma vida santa diante de Deus na área sexual se quisermos ter comunhão com o Espírito Santo.

O segredo para termos vitória nessa área como solteiros é entender que nos mantemos puros sexualmente por obediência a Deus. Não nos abstemos de relações sexuais por causa de um fardo ou proibição, mas para agradar ao Senhor com nossas vidas.

E quantas bênçãos temos por obedecer ao Senhor? É incrível a sensação de viver uma vida reta diante de Deus. Você precisa encarar isso como algo a ser feito por livre arbítrio, por desejo de satisfazer em primeiro lugar o nosso Pai Celestial mais do que a nossa própria carne.

Precisamos entender nitidamente que Deus é cristalino e direto sobre a necessidade de pureza na área sexual no meio da igreja, como está escrito em 1 Tessalonicenses 4.1-5, 7:

> "*Quanto ao mais, irmãos, já os instruímos acerca de como viver a fim de agradar a Deus e, de fato, assim vocês estão procedendo. Agora lhes pedimos e exortamos no Senhor Jesus que cresçam nisso cada vez mais. Pois vocês conhecem os mandamentos que lhes demos pela autoridade do Senhor Jesus. A vontade de Deus é que vocês sejam santificados: abstenham-se da imoralidade sexual. Cada um saiba controlar o próprio corpo de maneira santa e honrosa, não com a paixão de desejo desenfreado como os pagãos que desconhecem a Deus. [...] Porque Deus não nos chamou para a impureza, mas para a santidade.*"

Nossa força vem do Senhor

A chave para nos mantermos sexualmente puros – seja como casados ou como solteiros – é entendermos nossa natureza pecaminosa e a necessidade que temos da força de Cristo em nossas vidas. O apóstolo fala exatamente desse princípio quando afirma: "*Mas ele me disse: 'Minha graça é suficiente para você, pois meu poder se aperfeiçoa na fraqueza'. Portanto, eu me gloriarei ainda mais alegremente em minhas fraquezas, para que o poder de Cristo repouse em mim*" (2 Co 12.9).

Paulo está revelando o segredo de sermos fortes: temos que compreender como somos fracos e que dependemos do Senhor para ter força para vencer. No momento em que começarmos a pensar que somos fortes, que a tentação não é problema, será o momento que antecede a nossa queda.

Somos fortes na força do Senhor, não na nossa própria habilidade. Devemos levantar todo dia e dizer: "Eu sou fraco, Senhor Jesus. Se depender de mim, vou cair. Fortaleça-me hoje".

A vida de solteiro pode ser cheia de vitória e alegria no Senhor se atentarmos para o poder que Ele nos dá para viver retamente.

A vida de solteiro pode ser cheia de vitória e alegria no Senhor se atentarmos para o poder que Ele nos dá para viver retamente, como está escrito em 2 Pedro 1.3: "*Seu divino poder nos deu todas as coisas de que necessitamos para a vida e para a piedade, por meio do pleno conheci-*

mento daquele que nos chamou para a sua própria glória e virtude".

Deus nos tem dado tudo que precisamos para viver uma vida santa e piedosa diante dele. Só depende de nos apropriarmos do seu poder e vivermos a nossa vitória, dia após dia.

Capítulo 6

Solteiro, mas nunca sozinho

Solteiro, mas nunca sozinho

Freda Lindsay está viúva há mais de 30 anos, mais é uma das pessoas menos solitárias que eu conheço. Após a morte do seu marido, o renomado pastor Gordon Lindsay, ela decidiu dedicar o resto da sua vida ao serviço do Senhor sem se casar novamente.

O dicionário *Houaiss da Língua Portuguesa* define a palavra solteiro da seguinte forma: 1. Quem ainda não se casou; 2. Quem não está mais casado.

Freda Lindsay simplesmente colocou em ação o que o apóstolo Paulo disse: "*Digo, porém, aos solteiros e às viúvas: É bom que permaneçam como eu*" (1 Co 7.8). Pelo contexto entendemos que ele está se referindo a continuar vivendo como solteiro.

Toda vez que encontro Freda, ela está feliz e cercada de pessoas. De fato, após a morte de Gordon Lindsay, ela realizou grandes coisas para o Senhor. O ministério *Christ For The Nations*, em Dallas, Texas, fundado por seu falecido marido, com seu apoio e direção tem crescido e tocado o mundo inteiro.

Quem tem Cristo
no coração, nunca
estará sozinho!

Ela tem se dedicado incansavelmente ao serviço do Reino, como mulher solteira, e tem tido liberdade de planejar muito mais o seu tempo na obra do que se tivesse casado novamente.

A companhia do Espírito Santo

Creio que o maior medo que o solteiro tem é o da solidão. Muitos jovens correm para o casamento por um temor exacerbado de ficarem sozinhos. Por mais que eu acredite piamente na bênção do casamento, não creio que ninguém deva se casar às pressas, por puro medo de ficar sem companhia.

Muitas pessoas têm tido problemas sérios em seus casamentos por terem se precipitado para tomar essa decisão tão importante. O casamento entre duas pessoas deve ser por amor e porque os dois estão sentindo a direção e a bênção de Deus para assim o fazer. Nunca por medo de viver só.

A grande verdade é que quem tem Cristo no coração *nunca estará sozinho*! Prova disso é o que está escrito em Deuteronômio 31.6: "*Sejam fortes e corajosos. Não tenham medo nem fiquem apavorados* [...] *pois o Senhor, o seu* Deus, *vai com vocês; nunca os deixará, nunca os abandonará*". Essa passagem é citada de novo no Livro de Hebreus, capítulo 13, como uma reiteração da promessa divina.

Jesus disse que quando subisse ao céu enviaria alguém para estar conosco: o Espírito Santo. Observe o que Ele prometeu: "*E eu pedirei ao Pai, e ele lhes dará outro Conselheiro para estar com vocês para sempre, o Espírito da verdade. O mundo não pode recebê-lo, porque não o vê nem o conhece. Mas vocês o conhecem, pois ele vive com vocês e estará em vocês. Não os deixarei órfãos; voltarei para vocês*" (Jo 14.16-18). Como pode um servo de Cristo se sentir solitário depois de uma promessa assim?

Tenho tido o extraordinário privilégio de ter um relacionamento íntimo com o Espírito de Deus. Converso com Ele todo dia, toda hora. Tenho comunhão constante com o grande Conselheiro, e de fato nunca me sinto sozinho!

Mas muitos não têm descoberto esse fantástico segredo: quando você aceita Cristo como seu Salvador, e é lavado pelo seu sangue, o Espírito Santo passa a viver no seu espírito e a ter *comunhão* constante com você! A sensação de alegria por estar em comunhão com Deus através do Espírito é incrível!

O solitário vive em família

Para todas as pessoas solteiras, que dedicam suas vidas ao serviço do Senhor Jesus e ao avanço do Reino, temos outra promessa incrível na Palavra de Deus. Jesus disse: "E *todos os que deixaram casas, irmãos, irmãs, pai,*

A sensação de alegria por estar em comunhão constante com Deus através do seu Espírito é incrível!

mãe, filhos ou campos, por minha causa, receberão cem vezes mais e herdarão a vida eterna" (Mt 19.29).

Quando você dedica sua vida de solteiro ao Senhor, como o apóstolo Paulo o fez, o seu galardão será grande! A promessa de Jesus é clara: Ele irá recompensá-lo cem vezes mais por causa da sua renúncia para servi-lo.

O que dedica a sua vida
a Deus, como solteiro,
sempre terá uma família
dada pelo próprio Senhor.

Aos que deixaram de constituir uma família própria, Ele está dizendo: "*Deus faz que o solitário more em família; tira os cativos para a prosperidade*" (Sl 68.6 – ARA). Que promessas maravilhosas! O que dedica a sua vida a Deus, como solteiro, sempre terá uma família dada pelo próprio Senhor.

Eu tenho descoberto a realidade dessa promessa nas minhas viagens ao redor do mundo. Não importa o país, língua ou cultura, havendo irmãos em Cristo, estou em família!

Quando estive ministrando a Palavra em Bagdá, encontrei uma família que me recebeu e acolheu com muito carinho, por serem meus irmãos e irmãs que também foram redimidos pelo sangue do Cordeiro. Temos o mesmo Pai Celestial!

Em situações perigosas, tenho sido amparado por pessoas antes desconhecidas, porque também servem ao mesmo Deus que eu sirvo.

Quando saio em viagens para lugares difíceis, tenho sido alimentado pelos meus irmãos no Senhor Jesus. Sem lugar para dormir, tenho recebido cama e consolo da família que Deus me deu, a Igreja do Senhor!

A incrível bênção é que quando você está dedicando sua vida para servir a Deus, você pode ser solteiro, mas nunca estará sozinho!

Sobre o Autor

Gary Haynes é pastor, doutor em teologia e conferencista internacional. Filho de missionários americanos, mudou-se para o Brasil aos 13 anos de idade e foi naturalizado cidadão brasileiro no ano de 2000.

É um dos maiores autores best-seller no segmento evangélico no Brasil, com seus livros tendo vendido mais de 700.000 cópias. Um deles, "O Poder da Língua", foi número um em vendas no ranking evangélico por mais de um ano. Ele também é vencedor por três vezes do prêmio Areté, a mais consagrada premiação da literatura evangélica. Desde outubro de 2023, foi empossado como Acadêmico da Academia Evangélica de Letras.

É fundador do seminário e missão "Cristo Para as Nações", que já treinou milhares de pessoas para o ministério do Senhor, da Editora Atos, que publicou milhões de cópias de livros e bíblias, e agora do novo projeto chamado "Movimento dos Discípulos".

Gary Haynes tem uma paixão ardente por ver pessoas se tornando verdadeiros discípulos de Jesus em nossos dias. Para saber mais sobre seus projetos ministeriais, acesse www.osdiscipulos.org.br.

SEGREDOS DO LUGAR SECRETO
BOB SORGE

O PODER DA LÍNGUA

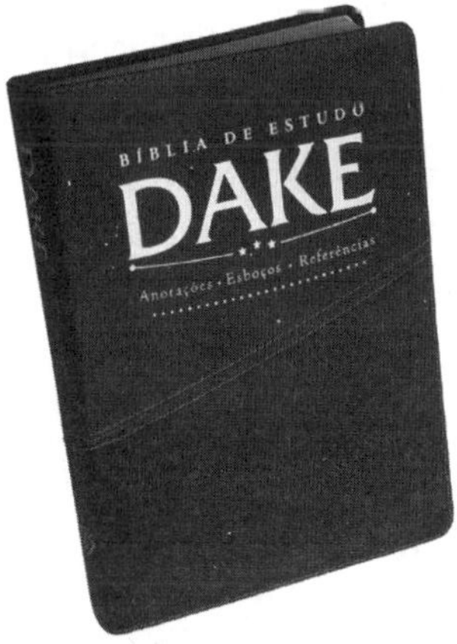
BÍBLIA DE ESTUDO
DAKE
Anotações · Esboços · Referências

BÍBLIA DA
MULHER
VIRTUOSA

A leitura desta profunda obra foi uma experiência
rica e impactante em sua vida espiritual?

O fundador da Editora Atos, que publicou este exemplar que você tem nas mãos, o Pastor Gary Haynes, também fundou um ministério chamado *Movimento dos Discípulos*. Esse ministério existe com a visão de chamar a igreja de volta aos princípios do Novo Testamento. Cremos que podemos viver em nossos dias o mesmo mover do Espírito Santo que está mencioado no livro de Atos.

Para isso acontecer, precisamos de um retorno à autoridade da Palavra como única autoridade espiritual em nossas vidas. Temos que abraçar de novo o mantra *Sola Escriptura*, onde tradições eclesiásticas e doutrinas dos homens não têm lugar em nosso meio.

Há pessoas em todo lugar com fome de voltarmos a conhecer a autenticidade da Palavra, sermos verdadeiros discípulos de Jesus, legítimos templos do Espírito Santo, e a vivermos o amor ágape, como uma família genuína. E essas pessoas estão sendo impactadas pelo *Movimento dos Discípulos*.

Se esses assuntos tocam seu coração, convidamos você a conhecer o portal que fizemos com um tesouro de recursos espirituais marcantes.

Nesse portal há muitos recursos para ajudá-lo a crescer como um discípulo de Jesus, como a TV Discípulo, com muitos vídeos sobre tópicos importantes para a sua vida.

Além disso, há artigos, blogs, área de notícias, uma central de cursos e de ensino, e a Loja dos Discípulos, onde você poderá adquirir outros livros de grandes autores. Além do mais, você poderá engajar com muitas outras pessoas, que têm fome e sede de verem um grande mover de Deus em nossos dias.

Conheça já o portal do Movimento dos Discípulos!

www.osdiscipulos.org.br